五木歳時記

ITSUKI

小林正明
Kobayashi Masaaki

花乱社

子守唄祭で披露される木遣り＝頭地

遣り保存会

山の谷間に広がる代替地にできた新しい頭地《とうじ》集落

はじめに

「五木の子守唄」でその名を知られている熊本県五木村は、1000m級の山々に囲まれた九州山地の懐にある。川辺川沿いにわずかに平地があるが、村の面積の96%が山林で、その山肌にへばりつくように小さな集落が点在している村だ。

古くから村は33人のダンナ（地頭）が、いくつかの集落をまとめた地域を治めていた。集落には観音さまやお地蔵さま、薬師さまなどを祀ったお堂が建ち、堂を中心とした生活があった。お堂ほどではないが神社も数多くあり、神社では地域ごとの祭りが行われていた。平地が少ないため、山の斜面の木を伐って焼くコバサク（焼き畑）やヤボ（藪）を焼いてソバやヒエ、キビ（タカキビ）、小豆などを作っていた。そのわずかな耕地で穫れる農作物へ感謝の気持ちも厚く、農作業に根ざしたさまざまな行事も集落ごとに行われていた。山仕事や狩猟の恵みへの感謝から、山の神へのお祭りも続けられてきた。そうした集落の形態は、コバサクがなくなり始める1963（昭和38）年頃から、少しずつ変わり始める。

村の人口は、1960年の6161人をピークに、林業の衰退とともに減っていく。そこに追い打ちをかけたのが、1966年に発表された川辺川ダム建設計画だ。村の中心部をそっくり水没させるダム計画に、村は反対を続けたが、建設反対運動は広がらなかった。1981（昭和56）年、一部の水没者団体が補償基準を妥結したのをきっかけに、ダムに水没するとされた土地に住む村人の村外への流出が始まった。1984年には最後まで反対していた団体も補償基準を受け入れ、反対運動は終わる。

川辺川ダムの水没対象となった493世帯のうち、村内に残ったのはわずか140世帯ほど、350世帯余りが村を出た。村の記録には、1980年の世帯数が955とある。川辺川ダム建設計画のために、村の３分の１を超える世帯が村を後にしたことになる。村には林業に代わる産業が育たず、その後も村人の村外への流出は続いた。村人の高齢化もあり、今、村に住むのは1300人を下回ってしまった。

村の名を全国にまで広めた「五木の子守唄」は、一般に広く知られているものとは違う独特の節回しの唄が、村に伝えられている。若い伝承者も生まれてきて、歌い手の数は一時期より増えている。しかし、昔からそれぞれの集落で伝えられてきた祭りや風習は、集落の人が減ると消えていってしまう運命にある。今はまだ細々と伝えられてはいるが、集落の存続の危機、価値観の変化と相まって、伝承が難しくなる状況に置かれている。

今、村で見ることのできる祭りや風習は、かつてのものとは祭りの日や作法が多少変化してきてはいるが、それでも集落の人たちがその意味を大切に守り、脈々と伝えてきたものだ。ここに収めたものは、生きた伝承として伝えてきた村の記録である。

春祈禱＝出ル羽

春祈禱の的射＝八重

春祈禱

五木村の集落の多くで、３月にその年の無病息災や家内安全などを祈願する春祈禱が行われている。春祈禱は集落の神社や集会所、集落によっては各家々の持ち回りなどで行われてきた。神官を呼ぶところもあれば、集落の人たちだけで行うところもある。

八重《はえ》集落の春祈禱は、集落にある八幡宮で行われる。集落の人たちが朝から集会所に集まって準備を始める。用意するのはしめ縄と的、矢とカケグリなどだ。割った竹を曲げて直径50センチほどの輪にし、和紙を貼って、墨で中央部分に黒い円を描いて的にする。的の両脇には、一年を表す長さ30センチほどのカヤ365本を二つに分けて束ね、その中心にタヅノキ（ニワトコ）を差した供え物を置く。矢は竹に紙の矢羽根を付ける。カケグリはニガタケの節を利用して、酒を注げるようにした長さ15センチほどの竹２本をひもで結んで一組にしたもので、御神酒をお供えするのに使う。神社では、シタボウリといわれる役回りの人が祭壇を整える。神官が御幣《ごへい》を切り、その御幣を縄に差し込んで作ったしめ縄を集会所と神社に張り、祭壇にお供え物を並べて準備は終わる。

神事の後、的射《まとい》となるが、的射を行うところと行わないところがある。八幡宮は拝殿の壁の一部が取り外せるようになっていて、そこに的を備え付け、的の上には三角形の和紙を挟んだカヤ12本を差し込んだしめ縄をかける。的の脇には竈の炭をつけたワラの鍋敷きを供える。これは一年間食べ物に困らないようにとの願いを込めている。

的射は男児と決まっているが、子どもが少なくなった今では、集落でも若い男が的を射る。３回射るが、的を射貫かなければならないので、的に刺さった矢は、的の裏側から抜くのがしきたり。３回目の矢は的の上を大きく外して、しめ縄も飛び越えさせる。しめ縄に刺した12本のカヤは一年12カ月を表し、その上を矢が越えていくことで、一年間を無病息災で過ごす、という意味がある。

宮園集落の春祈禱では、的射のほかに、四半《しはん》という黒い丸印が付いた長方形の板を飼っている牛馬の頭数分だけ持ち寄り、矢で割っていたという。割れた四半を牛舎などに供えると牛馬が丈夫になるといわれていた。牛馬を飼わなくなってその風習は廃れた。神事でお祓いしたカケグリは、それぞれの家の台所や水回りに供えるために持ち帰っている。

八原《やつはる》集落の春祈禱は、集落の家の持ち回りで行っている。家には天照大神の掛け軸がかかり、そこが祭壇となる。豊作祈願や無病息災を祈る神事を行い、的射になる。縁側に立てかけた的に向かって家の中から矢を放つ。的射が終わると、的の上に張っていた一年を表すしめ縄を集落の中央の小道に付け替える。この小道は昔の里道で、車が通る道ができる前のお堂への道だった。誰もが通るお堂への道だからと張るようになったという。

春祈禱＝白水

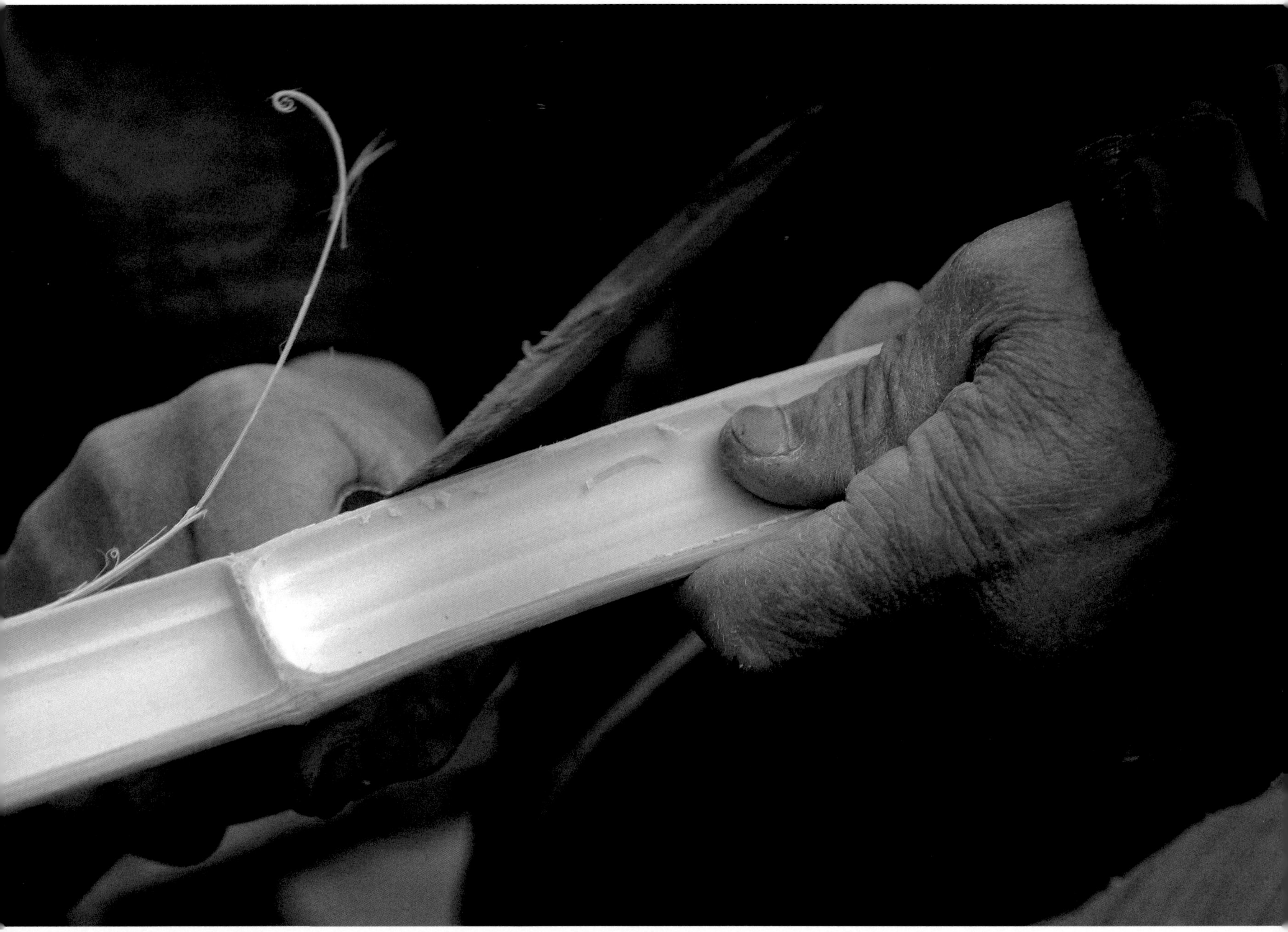

竹を削り、的射の弓を作る＝八原

カヤを束ねる＝八原

春祈禱の的射＝宮園

春祈禱、カケグリの持ち帰り＝宮園

春祈禱の的射＝八原

春祈禱の直会＝栗鶴

お堂に通じる小道に張られたしめ縄＝八原

端午の節句の風習

五木村には、端午の節句の祝いにダゴ（団子）やチマキなどを作る風習がある。集落ごと、家ごとにダゴに使う素材や作り方が違っている。

端午の節句のダゴには、キビ（タカキビ）を使う集落が多い。キビはその多くがコバサクで作っていた。コバサクをしなくなってからキビも手に入りにくくなり、作るダゴが変わってきたようだ。今では、素材が手軽に手に入ることから、これまで作っていたダゴに代わってアクマキを作る家が増えている。

下梶原集落では、練ったダゴを朴《ほお》の木の葉に包み、ゆでて作るホオノキダゴが伝わっている。今でも旧暦の端午の節句に合わせて、前日の旧暦5月4日に作る。昔は自分の畑で収穫したソバとキビを使ったそうだが、今はどちらも買っている。ソバ粉とキビ粉を別々に練って、練り上がったものをくっつけ合わせて拳よりやや小さい俵状の団子にする。その団子を枝に付いたままの朴の木の葉に包み、梶の皮で作ったひもで縛る。ひとつの枝に付いている5～8枚の葉すべてに団子を包み、鍋で2時間ほど湯掻《ゆが》くとホオノキダゴのできあがりだ。砂糖や味噌をつけるとおいしい。さらに焼くと香ばしさが増す。

下梶原集落の石田義幸さんの家では、すぐに手に入らないキビ粉の代わりにトウモロコシの粉を使う。トウモロコシの粉を使ったダゴは、鮮やかな黄色が目につく。中には小麦粉を練って作った生地に餡を包み込んだ饅頭を、朴の木に包む家もあるという。

旧頭地地区の田口集落ではマキダゴを作る。マキダゴは、小麦粉を練った生地を長方形に薄く伸ばし、その上にキビ粉を練ったものをモザイク状に置く。さらにモチ米粉を練ったものを細い棒状に伸ばし、広げた小麦粉の生地の真ん中に心棒のように置く。これを太巻きの要領で巻き上げたものを竹の皮に包んで湯掻くとマキダゴができる。砂糖をつけて食べるのが一般的だという。キビを作らなくなってからは、マキダゴと同じ要領で小麦粉の生地に餡を包み込んで、細長い饅頭を作ることもあったという。

八原集落のものは、キビ粉、モチ米粉、ムギ粉を別々に練って作る。棒状に伸ばしたキビ粉をモチ米粉で巻き、さらにムギ粉で巻く。竹の皮で包んで湯掻くとできあがり。砂糖醤油かハチミツをつけて食べるとおいしい。似たものを平野集落ではチマキと呼んで作っている。キビ粉、モチ米粉は同じだが、一番外側は小麦粉にヨモギを混ぜたものを使う。どちらも断面は三色の粉が同心円状に巻かれたようになる。

端午の節句には、カヤなどを屋根に投げ上げる風習が村内各地にある。家が茅葺きだった頃、八原集落では節句の日の朝にカヤとヨモギを屋根に投げ上げていた。平野集落ではカヤとヨモギに加えてショウブも投げ上げたという。

ホオノキダゴ作り＝下梶原

堂祭りの直会＝平野

山の中腹に広がる平野集落

堂祭り＝子別峠

堂祭り

五木の多く集落には、薬師さまや観音さま、お地蔵さまなどを祀るお堂が建つ。それぞれに縁日が違うが、多くの集落が旧暦6月と10月の縁日に祭りを行っている。かつてお堂は、集落の生活と密接なつながりがあった。集落の人たちの信仰の場であり、交流と親睦の場であり、子供たちの遊び場でもあった。今も賑やかに堂祭りが行われているところもあるが、多くは集落の人が減ったため、祭り自体が寂れて行われなくなってきている。

薬師さまとお地蔵さまを祀る鶯山《おしやま》集落の堂祭りは、6月8日と10月11日。今は新暦で行っている。昔は地蔵祭りを6月24日にやっていたが、いつの頃からかやらなくなった。

6月の祭りは薬師祭りで、願掛けをする。ソバのダゴをお供えして無病息災や家内安全を祈ってお参りする。お参りが終わると、堂守りの鶯山家で直会《なおらい》をしていた。鶯山家が火災にあってから、お堂の中で直会をするようになった。10月の祭りは、願解《がんほど》きの意味を持つ。一年間のお礼参りとして、お百度参りのようにお堂と手前に立つ大銀杏の間を行き来してお参りする。昔はキビガラ（タカキビの茎）で作った100本の棒を使ったが、今はキビを作らなくなったので竹の棒を使う。100本の棒は、お堂に置く。お堂で祈り、1本を持ち、大銀杏まで持ってゆく。100本すべて大銀杏まで持ち出し終えたら、今度は1本を持ってお参りし、お堂に供えるのを繰り返す。すべて堂に戻すと祭りは終わる。

鶯山集落のお堂には、「安永七年」（1778年）の年号が刻まれた石灯籠が残っている。堂そのものは、1992（平成4）年に建て替えられたものだ。境内に立っていた樹齢200年余りの杉が前の年の台風で倒れそうになったので、その杉を伐り、材料にした。堂の床だけは元の堂の板を使い、以前と同じ大きさで立て替えたという。

お地蔵さまを祀る竹の川集落の堂祭りでも、秋の堂祭りでお百度参りのようなお参りをする。旧暦9月4日に開かれる秋の堂祭りは、6月の地蔵祭りで願を立てた願解きの意味がある。椿の葉100枚を1枚ずつ持ち、堂の中と外を行き来して参っていた。お堂の建て替えで、集会所の中にお地蔵さまが祀られ、今は、集会所の中でお参りをしている。

平瀬集落は3月3日に願を立て、11月19日に願解きをする。願解きのお参りは、1本の竹串に100枚の椿の葉を刺したものを入り口に用意して、そこから1枚を取って、お参りする。めいめいが家人の数だけお参りをするので、お百度参りのようにぐるぐると回ってお参りすることになる。

川辺川ダムの水没予定地となった清楽《せいらく》集落は、移転で集落はなくなったが、観音さまを祀るお堂は、1984（昭和59）年に平沢津《ひらさわづ》地区の子別峠《こべつとう》集落に移された。今は9月16日に祭りが行われ、平沢津地区の人たちによって守られている。

堂祭りのお参り＝鷲山

堂祭りの直会＝鶩山

ちんちんだぶ＝久領

ちんちんだぶ

代替地に移転する前の旧頭地地区の久領《くりょう》集落に五木村唯一の寺、新泉寺《しんせんじ》があった。その阿弥陀堂で行われていた祭りが「ちんちんだぶ」だ。久領集落の人たちが、その年の豊作や家内安全を祈って大きな数珠を回した。

阿弥陀堂には阿弥陀如来坐像と立像が祀られていた。その阿弥陀さまの前で祭りが行われてきた。阿弥陀如来立像には、 明治初期の廃仏毀釈で、人吉方面から難を逃れて鶩山集落に持ってこられたものだという説がある。鶩山集落には阿弥陀堂が作られ、そこに阿弥陀如来立像が祀られていたというが、それがどういういきさつからか、1900年台初頭に新泉寺に移されたといわれている。

旧暦６月15日が本祭、前日の夜が御夜（前夜際）。御夜では夕方、集落の人たちが阿弥陀堂に集まり、団子や饅頭を阿弥陀さまにお供えする。仏事のあと、それぞれが阿弥陀さまにお参りをする。お参りを終えるとお互いのお供え物を交換して、御神酒を飲みながらひとしきり世間話をしてお開きとなる。

本祭は、昼に集まって数珠回しをする。数珠は長さ７メートルほど。使い込まれていて、数珠の一つひとつが黒光りしている。住職が読経する中、太鼓や鐘を鳴らして数珠を回す。昔は太鼓や鐘だけでなく、いろいろな鳴り物を用意して、それぞれに打ち鳴らしていたという。「チンチン」となる鐘の音と「なむあみだぶつ」と唱える読経から、「ちんちんだぶ」と呼ばれるようになったといわれている。

数珠回しは、読経の間まわし続けることで、100万回まわしたのと同じ功徳が得られるという。数珠回しを終えると住職からお札をもらい、「ちんちんだぶ」は終わる。

旧頭地地区は、川辺川ダム建設計画のため、2000（平成12）年から高台の代替地への移転を始めた。かつてあった久領、下手、田口、溝ノ口、松本、板木の六つの集落がひとつの新しい頭地集落となった。移転も終盤にかかっていた2004（平成16）年、ちんちんだぶも頭地集落全体の祭りとしようと、各戸に数珠玉を作ってもらうことになった。作られた新しい数珠玉には、それぞれ誰が作ったかわかるよう名前や印が彫られたり、書かれたりしているものが多い。数珠の長さは、これまでのものより少し長くなった。その年の７月の祭りは各集落から人が集まり、賑やかな祭りとなった。しかし、翌2005年の祭りでは、ほとんどの人が代替地への移転を終えていたためか、まだ移転していない寺で開かれた御夜に集まったのは、もともと久領集落に住んでいた人だけだった。翌日の本祭では、住職の家族だけで数珠回しを行った。寺はその祭りの後に代替地に移転した。移転後の最初の祭りが2006年に開かれて以来、ちんちんだぶの数珠回しは行われていない。

ちんちんだぶの御夜＝久領

ちんちんだぶの御夜の直会＝久領

白木神社で踊る太鼓踊り＝梶原

梶原の太鼓踊り

起源は定かではないが、田口、久領、野々脇、下谷、瀬目、梶原、竹の川、入鴨の集落に太鼓踊りを踊る風習があったという話が残っている。雨乞いやお祝い、お盆などで踊っていた。戦争がきっかけで踊り手が少なくなったり、火災で道具が焼けたりして踊られなくなり、昔ながらに踊り続けているのは、梶原集落だけだ。田口と下谷集落の太鼓踊りは、集落で踊ることはなくなったが、子守唄祭りで披露されている。竹の川集落では甲冑姿で踊っていたといい、瀬目集落には使っていた太鼓が伝わっている。

梶原の太鼓踊りは、雨乞いやお盆に集落の男だけで踊ってきた。太鼓、鉦《かね》で構成され、道具は代々家に伝わり継承されてきた。基本は16人。４人ずつ４列の隊列を組み、その中に必ず鉦が２人入る。しきたりで、女性と初盆の人は踊ることができない。踊る曲目数は、13曲とも17曲ともいわれている。「東の山」、「若君様」、「きよきぞめ」、「鳴子船」、「四節」、「山鹿灯籠」、「吉野」、「むつの」、「十七」、「道楽」などと「初精霊」があり、親の初盆、子の初盆では、それぞれ唄と踊りが違っていた。数年前までは「東の山」、「若君様」、「きよきぞめ」の３曲を踊っていたが、今は「東の山」だけを繰り返し踊っている。

1974（昭和49）年に村の無形民俗文化財となった際に、そろいの踊り着物を作った。明治から伝わる木綿の踊り着物を参考に、動きの激しい太鼓打ちの着物は、両脇に切れ込みが入った短い着物。動きの少ない鉦打ちの着物は、切れ込みのない普通の着物にした。

今踊るのはお盆だけ。８月14日から16日にかけて行われる。14日が願解きと願掛け、精霊迎え、15日は精霊踊り、16日は精霊送りの意味がある。その昔、集落に疫病が流行った。そのときに、踊り手が二人になるまでは踊り続けると願掛けをして踊ったところ、疫病が治まり集落が守られたという。その掟は今も生きていて、掟を守って踊り続けている。

太鼓踊りは、14日朝のダゴ作りから始まる。当番の家では米粉でダゴを作り、御神酒を持って山の神、水神、風の神、時の神、荒神、氏神など、集落で祀っている神さまにお供えをして回る。その後、梶原のダンナだった旧椎葉家に集まり、庭で３曲踊る。踊り終えると、太鼓を打ち鳴らしながら集落の氏神である白木神社へ向かう。神社に御神酒を供え、お参りをしてから３曲踊る。ここでは太鼓踊りの輪の中に御幣持ちが加わる。各家がその家族の男の数だけ、御幣が付けられた竹を持ち寄り、御幣持ちがまとめて持つ。踊り終えると、太鼓を叩きながら再び旧椎葉家に戻り、「庭戻し」として１曲踊って終わる。15、16日は夜、集落のお堂の前で５曲踊る。３曲踊って中休み。そのあと２曲踊る。

踊り手が４人に減り、伝承を守るのが難しくなったため、2013（平成25）年から近くの集落の人たちや女性を加えて踊り始めた。踊り手が増えたので子守唄祭りでの披露も検討されている。それでも女人禁制の神社の前では、女性は踊らないようにしている。

太鼓踊りの前に山の神に参る＝梶原

ダゴと御神酒を持って神様にお供えしてまわる＝梶原

太鼓を叩きながら白木神社に向かう＝梶原

踊りながら鉦や太鼓を叩く＝梶原

白木神社から旧椎葉家に戻る＝梶原

精霊送り

お盆に迎えた先祖の霊を送る精霊送りの風習が、集落ごとに少しずつ違った形で今も伝えられている。

旧頭地地区や高野、竹の川などの集落では、かつて精霊船を流していた。精霊船に乗せる供え物は集落によって少しずつ違うが、共通しているのは送りダゴ、果物などの供え物や精霊さんの食べものだ。送りダゴは集落によって形が違うが、小判形のダゴは荷物を背負うときに使う「シカタ」、細長い帯状のダゴは背負う荷物をくくりつける「ひも」、平たい四角のダゴは荷物を包む「風呂敷」を意味している。たいがいの集落では「ひも」と「シカタ」か「ひも」と「風呂敷」のどちらかの組み合わせになっている。精霊さんの食べ物は、そうめんだったり、ご飯だったりする。高野集落では、精霊さんの乗る馬に見立てたナスに竹串を刺して馬形にしたものと、その馬のえさとしてキュウリとトウモロコシも一緒に乗せた。精霊さんは、仏壇からうちわで扇いだり、ほうきで掃いたりして家から送り出す。

竹の川集落では今も精霊船を流している。８月16日の朝、米粉で作った丸いボール状のダゴと小さい円形の平たいダゴ、帯状のダゴの３種類を仏壇に供えた後、ほかの供え物と一緒に精霊船に乗せて花火を立てる。家から川までは一家の長が先頭で七夕飾りの笹を持ち、それに続いて家族の者が精霊船や仏壇にお供えしていた花や果物などを持って、一列で歩いて行く。川に着くと、精霊船に立てた花火に火をつけてから、船と七夕飾りを川に流す。かつては集落の多くの人たちが流していたが、今その風習を続けているのは数軒になった。精霊船も昔は木で船を作っていたが、今は紙の箱などが船として使われている。

高野集落では、精霊船は作らなくなったが供え物などを川に流している。８月15日夕方に川縁に集まり、送りダゴやそうめん、供え物を川に流す。七夕飾りも昔は川に流していたが、だんだんと燃やすようになってきた。

八原集落のような山間の集落では送り方が少し違う。仏壇に供えた花立て二つを敷地の一角に置き、送りダゴを供えて線香を立てる。そこが送る精霊さんを拝む場所になる。昔は長さ40～50センチの竹に差したろうそくに火を灯し、精霊さんの通り道として家から道路まで点々と立てて送ったというが、今はやらなくなった。

旧頭地地区の久領集落では15日の夜、精霊さんに最後の食事を出した後、午後10時に鳴らされる新泉寺の鐘を合図に、集落の人たちが墓場に集まって送ったという。玄関にろうそくを灯して、精霊さんをうちわで扇いで玄関まで送り出してから墓場に向かった。男は焼酎、女はダゴ持って集まり、ダゴを交換して焼酎を酌み交わす。供え物は川にそのまま流していたという。今では午後10時では遅いということで、夕方に送るようになった。

庭先で精霊さんを送る＝八原

送りダゴ作り＝田口

送りダゴを供える＝田口

お盆の祭りで提灯が並ぶ＝宮園

うちわで扇いで精霊さんを送る＝高野

七夕飾りを先頭に精霊さんを送りに行く＝竹の川

精霊船を流す＝竹の川

七夕飾りを燃やす＝溝ノ口

草履を吊す＝頭地

十五夜の綱引き

中秋の名月、旧暦８月15日の夜に十五夜の綱引きが行われている。昔からこの行事を行っているのは、旧頭地地区の集落と高野集落だけのようだ。頭地地区が移転する前は、久領、田口、下手のそれぞれの集落でこの行事を行っていた。頭地地区の各集落は、代替地への移転で新しいひとつの頭地集落に生まれ変わり、今は一緒に十五夜の綱引きを行っている。

頭地集落では、夕方に伝承館に集まり、ワラで綱をなうところから始まる。頭地は集落の人が多いので、なう綱も長い。長さ30メートルほどの綱ができると、その綱をヘビのとぐろのように巻いて、頭としっぽを巻いた輪の中から出し、御神酒をかける。綱のそばにはススキ、御神酒、芋、饅頭などお月さまへの供えものを置き、綱に向かってお祈りをして、酒を酌み交わしながら月の出を待つのが習わしだ。頭地集落には綱のほかにわらじを一足作る風習が残っている。田口集落で行われていた風習で、いわれは定かではない。それが今も元田口集落の住民によって受け継がれている。長さ30センチほどのわらじを一足編んで、伝承館の縁側の柱に渡した縄にぶら下げて飾る。昔は田口のお堂の入り口に縄を渡してぶら下げていた。

五木村の集落は山に囲まれているため、月の出が遅い。頭地集落は枡形山の西麓にあり、山の尾根から月が出る頃にはあたりは真っ暗になっている。午後８時頃になってようやく月が出る。月が出ると、皆でそろって月に向かって拝んでから綱引きが始まる。

綱引きは、伝承館前から道路に綱を持ち出し、街灯の明かりの下で綱が切れるまで引き合う。綱が切れると再び伝承館に戻って、ワラを敷き詰めた上に切れた綱を輪になるように置いてワラの土俵を作る。子どもたちが相撲を取り、勝っても負けてもお菓子がもらえる。子どもたちの熱戦に、大人たちが声援を送り、歓声が上がる。相撲を取り終えると十五夜の綱引きも終わりになる。

高野集落でも集会所に夕方集まり、綱をなうところから始まる。高野集落では子どもが少ないので、下谷集落の子どもたちを交えて十五夜の綱引きを行っている。高野集落も枡形山の西に集落があるが、枡形山との距離があるため頭地集落より10分ほど月の出が早い。月を拝んでから、集会所の前で綱引きが始まる。綱が切れると子どもたちの相撲になるのは、頭地集落と同じだ。

昔は行事が終わると、土俵や綱に使ったワラを頭や髪に巻き付けて家に帰った。十五夜の行事に使ったワラには、病気にならないおまじないの意味があったという。

綱を巻く＝頭地

綱に供え物を置き、月の出を待つ＝頭地

綱を引き合う＝高野

子どもたちの相撲＝頭地

ワラの土俵を取り囲む＝頭地

御就願の祈り＝八重

御就願《ごりゅうがん》

八重集落にある八幡宮で行われてきた御就願は、米などの収穫が終わった頃に、その年の収穫や息災に一年を過ごせたことに感謝する祭りだ。同じ八幡宮では、３月に春祈禱、田植えが終わった頃に、さなぼりを兼ねて、春に収穫した麦などをお供えして、秋の豊作や無病息災などを願う祭り、夏初穂が行われる。御就願はそのお礼参りになる。

夏初穂も御就願も農作業や収穫に合わせて行っていたので、毎年祭りの日が変わっていたが、おおむね旧暦の７月と10月に行われてきた。1960（昭和35）年頃に新暦に改め、夏初穂は７月15日、御就願は10月15日に行うこととなった。夏初穂は本殿でお参りするだけだが、御就願は榊の葉を持ってお百度参りのようなお参りをする。

御就願で納める榊の葉は、八幡宮の本殿から急な階段を降り、30メートルほど先にある参道入り口の鳥居に置いた台に置かれる。そこから榊の葉を１枚持って本殿に上がりお参りする。お参りを終えると参道入り口の鳥居まで戻り、再び榊の葉を１枚持って本殿に向かう。榊の葉を持った集落の人たちが列をなして、お百度参りのようにぐるぐるとお参りを繰り返し、榊の葉がなくなるまで続く。かつて榊の葉は100枚だったが、今は集落の人が減ったので50枚になった。集落の人が多く賑やかだった頃は、五百度参りだったと伝えられている。それが集落の人が減るにつれ、二百度になり百度になり、五十度になった。お参りの距離も年配の人が増えて短くなり、最近ではこれまでより近い、本殿に上がる階段の登り口に榊の葉を置いている。

八幡宮には、長方形の小さな板木をたくさん針金に通したものを、上下２段にぶら下げた道具が伝わっている。道具には「昭和十六年五月」と書かれている。お参りの数を数えるのに使われていたようだ。昔から御就願は榊の葉を使っていたといい、御就願以外でもお百度参りのようなお参りをしていたのだろうといわれている。

本殿に上る階段の手前に、広場のようになった所がある。ここにはかつて鳥居があった。昔はその鳥居から先は女人禁制だったという。女人禁制は、1950年代頃まで続いていたという。1960年頃、社の茅葺き屋根を作り替えるとき、境内に生える杉の大木を１本切って屋根の材料にした。そのときにかつて男女を分けていた鳥居も、朽ちかけていたため取り壊した。

その広場のようになった境内では昔から、御就願の後の直会が行われてきた。ゴザを敷き、集落の皆がご馳走を持ち寄って、暗くなるまで収穫を感謝して飲み食いしたという。境内での直会は、1970（昭和45）年頃まで続いていたが、その後は集会所で開くことが多くなり、直会も様変わりしてきた。

榊の葉を持つ＝八重

順に祈る＝八重

しめ縄をなう＝梶原

しめ縄を張る＝白岩戸

神社のお祭り

五木村の多くの集落には、神社がある。そのほとんどが阿蘇神社だが、白木神社や八幡宮、八坂神社、霧島神社などもある。かつては、それぞれ春と秋に祭りが行われていたようだが、春の祭りは多くの神社で途絶えている。秋の祭りでは、神官を招いて神事を行うところもあれば、集落の人たちだけでお祭りをするところもある。

五木村の総社となっている頭地集落にある五木阿蘇神社では、10月15日の秋季例大祭で球磨《くま》神楽が奉納される。今の五木阿蘇神社は、代替地へ移転する前の旧頭地地区・久領集落にあった西俣《にしまた》阿蘇神社と下手集落にあった東俣阿蘇神社、さらに旧頭地地区と同じように川辺川ダムに水没するとされ、移転することになった清楽集落の白木神社の３社を合祀したものだ。移転前は、秋季例大祭の御夜（前夜祭）に西俣の阿蘇神社で、翌日の本祭では東俣の阿蘇神社で神楽が奉納されていた。今は神社がひとつになったので、前夜祭と本祭の２回、神楽が奉納されている。昔は村人が神楽を舞ったらしいが、村人の伝承は絶えていて、今は球磨神楽保存会の人たちが舞っている。

村に多くある神社の中で、西谷集落の八房神社と梶原集落の白木神社は、今でも女人禁制となっている。その八房神社の祭りは、６月と10月の２回。６月はムギの収穫後に行われる夏初穂で、ムギのダゴ（団子）とムギの酒を造り、神社に奉納する。10月はコメの団子とコメで甘酒を造る。いずれも収穫への感謝と豊作祈願だ。神社の周囲には、それぞれの家ごとに御神体として石を置き、自分の家の神さまとして祀っている。祭りのときには、その御神体にも御神酒とダゴを供えて祈りを捧げる。昔は御神酒をカケグリに入れていたが、最近は杯に入れているという。八房神社にはかつて薬師さまが祀られていたが、100年ほど前に行方不明になったと伝えられていて、今はない。集落の人が減るなどし、今は４軒で神社を守り、今でも黒不浄、赤不浄の忌みなど、昔からのしきたりを引き継いでいる。

中村集落にある阿蘇神社の秋祭りは、中村、山口、内谷（日当《ひあて》地区）の三つの集落の人たちで行われる。拝殿の中に紅白の幕を張り、こたつを持ち込む。そろって参拝するとこたつに入って酒を酌み交わす。集落の人たちの交流の場にもなっている。

出ル羽集落にある阿蘇神社の秋祭りには、出ル羽、内谷（日添《ひぞえ》地区）、小鶴の三つの集落の人たちが集まる。戦前までは境内で火を焚いて、盛大な御夜があった。境内に直径３メートルほどのワラの土俵を作り、子どもたちに相撲を取らせた。大人たちはコバサク（焼き畑）で作ったヒエで、四斗樽に三つも四つもどぶろくを仕込み、明け方まで飲んでいた。御夜は戦争が激しくなってやらなくなったという。今は役回りの人が幟を立て、めいめいがお参りをするだけになった。

集落で祈る＝瀬目

急勾配の階段を登って参る＝瀬目

秋祭りに幟が立つ＝出ル羽

御祭神

神楽＝頭地

神社の中での直会＝中村

ダゴと御神酒を供えて祈る＝西谷

カケグリ＝八重

「隠れ酒」の日に御神酒が供えられる＝宮園

小学生が「五木の子守唄」を歌う＝頭地

五木の子守唄祭

子守唄祭の起源は、1962（昭和37）年11月に開かれた産業祭に始まる。もともと村では、農協が主催した木炭品評会が毎年開かれていた。木炭品評会は、木炭の生産が下火になり始めた頃に、村で収穫するさまざまな農産物の品評会と販売会を加えて、村主催の農林祭として衣替えした。その農林祭に芸能人を呼んだり、劇団を呼んだり、村に伝わる伝統芸能を披露したりして、村民の娯楽と慰労を兼ねた祭りにしたのが産業祭だ。当時、村の財政もあまり豊かではなかったので、毎年芸能人や劇団を呼ぶことができなかった。そのため、産業祭の開催は、数年に一度の開催にとどまっていた。産業祭を開けない年は、これまで通りの農林祭を開いていた。

その後、村に伝わる「五木の子守唄」を村の呼び物として祭りの中心に据え、村の伝統芸能などの披露と、芸能人や劇団を呼んで村民の慰労を兼ねた祭りに発展させたのが「五木の子守唄祭」だ。その第１回は、1986（昭和61）年に開催された。これまでに台風などで２回中止されたが、2013（平成25）年で25回目を迎えた。

五木の子守唄祭では、毎回、村に伝承される「五木の子守唄」と伝統芸能の太鼓踊りと棒踊り、伝統的な木遣りが披露されている。

村で歌い継がれてきた「五木の子守唄」は、二拍子で歌われる。これに対し、全国的に知られている「五木の子守唄」は、三拍子だ。三拍子の「五木の子守唄」は、故古関裕而氏が人吉市で採譜し編曲したものが、1951（昭和26）年、ＮＨＫのラジオ番組のテーマ音楽として使われたことがきっかけで全国に広まった。その拍子や旋律の違いから五木村に伝わる唄を正調と呼んだり、元歌と言ったりしている。楽譜があるわけではなく、口伝えで伝承されてきたため、歌い継いでいる集落や歌い手によっても、節回しや旋律が異なる。時代とともに変化する、まさに生きた伝承文化だ。

太鼓踊りと棒踊りは、村の伝統芸能として、産業祭の当時から披露されてきた。今、子守唄祭で披露されているのは、旧頭地地区の田口集落に伝わってきた太鼓踊り、下谷集落に伝わる太鼓踊りと高野集落の棒踊り。梶原集落に伝わる太鼓踊りは、産業祭で何度か踊られたことがあるが、子守唄祭になってからは踊られていない。瀬目集落の棒踊りも産業祭では披露されたことがあるが、踊り手の減少から子守唄祭では披露されたことはなく、今では集落でも絶えてしまった。古老の話を聞くと太鼓踊りは、竹の川集落や瀬目集落にもあったようだ。当時使われていたといわれる太鼓が伝わっている。

木遣りは林業の近代化で姿を消したが、今は保存会がその技を伝承している。子守唄祭では、伐り出した木を組んで木馬を作り、その木馬を引き回す実演を見ることができる。

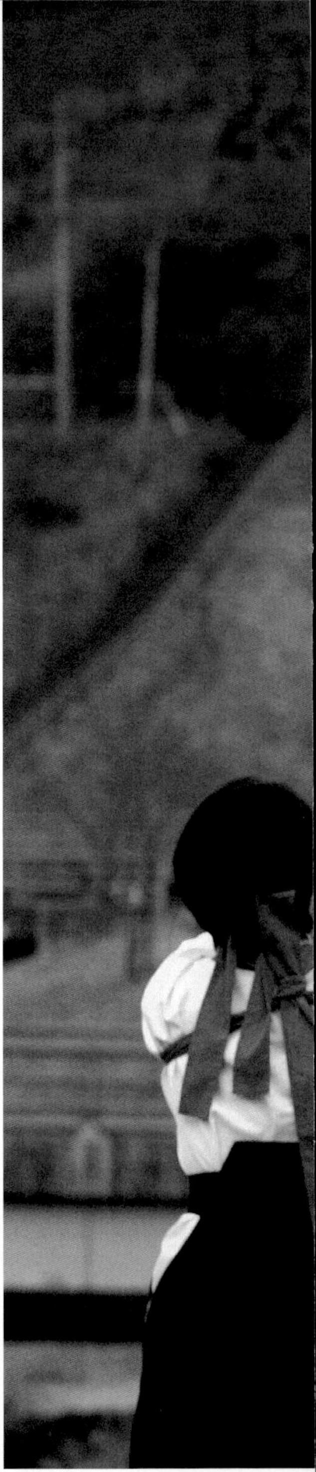

正調「五木の子守唄」
が山間に響く＝頭地

高野集落に伝わる棒踊り＝頭地

田口集落に伝わる太鼓踊り＝頭地

下谷集落に伝わる太鼓踊り＝頭地

木馬に丸太を乗せる＝頭地

木馬を引き回す木遣り＝頭地

観光客も混じっての土搗き＝頭地

駐車場
道の駅「子守唄の里五木」
道の駅
道の駅
道の駅

大イチョウ祭りで「五木の子守唄」が歌われる＝宮園

夕暮れに浮かぶ大銀杏＝宮園

宮籠《みやご》もり、堂籠《どうご》もり

五木阿蘇神社が移転前の旧頭地地区にある頃、地区には久領集落の西俣阿蘇神社と下手集落の東俣阿蘇神社の二つの阿蘇神社があった。どちらも大晦日の晩に集落の人たちが神社に集まり、御神酒を飲みながら新年を迎える宮籠もりをしていた。東俣阿蘇神社では早くにその風習が途絶えたが、西俣阿蘇神社の方は五木村の総社となっていたこともあり、統合された五木阿蘇神社に受け継がれて続いている。

西俣阿蘇神社では、夜10時過ぎに集まり始め、焚き火の周りで御神酒を飲んで新年を待った。日付が変わる少し前に拝殿に入り、除夜祭をする。神事の後、拝殿脇の社務所に移り、お供え物を肴に御神酒を飲んで新年を祝った。昔は夜が明けるまで賑やかに行われた。移転後の五木阿蘇神社になってからは、最近は日付が変わる少し前に集まり、午前２時くらいまでに終わっているという。

新しい頭地集落と一緒になった松本集落にある甲佐《こうさ》神社では、1975（昭和50）年頃まで子どもたちが年の晩（大晦日の晩）に神社に泊まっていた。夕方に布団を担いで、中学生くらいまでの子どもたちが集まってくる。拝殿にある囲炉裏で火を焚き、お供えものの煮しめなどを食べたりして、子どもたちだけで朝まで過ごしていたという。

梶原集落では白木神社に籠もる。集落では「ヒゴモリ」と呼んでいる。夕方から集落の人たちが神社に集まり、鳥居前の境内で火を焚き、大人たちはタカンボ焼酎（竹に焼酎を入れ、焚き火で燗をしたもの）を飲んで過ごす。子どもたちは松明を手に、神社の森を走り回って遊んだという。夜10時過ぎにシタボウリの二人と宮仕え二人が、お宮に上がって「ヒゴモリ」に入った。宮を降りるのは辺りが明るくなってからだったという。昔はその時間まで、集落の人たちが境内で飲み食いしていた。

今は火を焚き始めるのも遅くなり、日付けが変わる少し前にお宮に上がっている。宮に上がるのもシタボウリの二人だけで、お参りを終えると本殿横の小部屋に入る。小部屋には囲炉裏が切ってあり、御神酒をいただきながら新年を迎えている。今では遅くても午前４時くらいにはお宮を出ている。

平瀬集落の堂籠もりは、その昔、集落で何軒かが燃える火災があり、火災が起きないよう祈願して堂籠もりをするようになったと伝わっている。新年を迎える行事とはやや由来が異なる。堂の前で火を焚いて、一晩中飲み食いしていた。今は午前０時少し前にお堂に集まってくる。新年を迎えても、昔のように朝まで飲み食いすることはなくなった。遠くの親戚らが帰ってくるので、正月は何かと忙しいというので、2011（平成23）年からは小正月の前の晩、１月14日の夜に変わった。

除夜祭＝久領

ヒゴモリに入る祈り＝梶原

大晦日の晩、境内に火が焚かれる＝梶原

しめ縄を張る＝梶原

門松を飾る＝田口

正月にまつわる風習

門松は、松、竹とツンノハ（ユズリハ）を玄関や敷地の入り口の両脇に立てていた。集落によっては、門松にしめ縄を渡して飾り付けしていた。梶原集落では、門松に渡すしめ縄の中央にツンノハの枝を付け、その枝に里芋とミカンを刺して飾る。このしめ縄を張る家は減ったが、集落の氏神である白木神社の正月飾りには、今もしめ縄を張って飾り付けをしている。

宮園集落にはしめ縄を張る風習はないが、年が明ける前に、トビゴメを囲炉裏の自在鉤や農具などに供える風習が残っている。トビゴメは、集落によって違っていたようだが、コメとアワを混ぜたものをコウゾ紙に包み、こよりでツンノハに結びつけたものだ。今はコウゾ紙がないので半紙に包んでいる。

年が明けると若水汲み。日付が変わって間もなく、その年の初めての水を男が汲みに行く。翌二日の朝は女が汲みに行った。水道が引かれて、だんだんと廃れていったという。若水は、神社やお堂にお供えして、残りでその年最初のお茶を沸かしたり、米を炊くときに少し入れたり、風呂に少し入れたりしていた。

二日は若木伐り。これが山入りとなる。まだ暗いうちに山に入り、樫の木の若木を家の男の数だけ伐る。伐る前に、無病息災を念じてコメとアワを混ぜたトビゴメを木の周りに撒いて山の神に祈る。暦の豊穣の方角を向いて撒くものだが、方角がわからないときは東の空を向いて撒くという。伐ってきた樫の木は、枝打ちしていない柿の木に結びつける。若木伐りが終わると、畑に行ってクワイレをする。その年の麻畑として残しておいた畑に、豊作祈願をしながら３回右回りに回ってトビゴメを撒く。その後、鍬を入れて土を寄せ、その中央にツンノハの枝を立てトビゴメを付ける。トビゴメは秋穂の神様の方角に葉を向けるように付けるが、毎年向きが変わるため、これもわからないときは東の方角に向ける。

山入りを終えると、山で木を伐ることができるようになる。ヘボ（イヌガヤ）とダラ（タラノキ）を伐ってきて、七日正月の供え物にする。６日の夜までに、30センチほどの長さに切ったダラを50センチほどの長さに切ったヘボの上に乗せて、玄関の両脇や家の外回りの柱に供える。七日の鬼火焚きで燃やすとヘボはパンパンとはじける音がするので、その音で鬼を追い払うのだという。七日正月の供え物は、平野集落でも行われている。

14日までにアワボ（粟穂）、牛の爪、馬の爪を作る。新年になって伐ったフシノキ（ヌルデ）を長さ30センチほどにして、皮を縞模様になるように剝ぐ。二つか三つに先を割り90度に曲げた竹に、そのフシノキを差したものがアワボ。フシノキを牛や馬の蹄に似せて作り、同じような竹に差したものが牛の爪、馬の爪。アワボは水神、神社、山の神、シノゴヤ（籾の保管小屋）、お堂などに供え、牛の爪、馬の爪は家畜小屋やお堂に供える。

樫の木の若木を結びつけ祈る＝宮園

クワイレで立てられたツンノハ＝宮園

アワボ作り＝宮園

鬼火焚き＝宮園

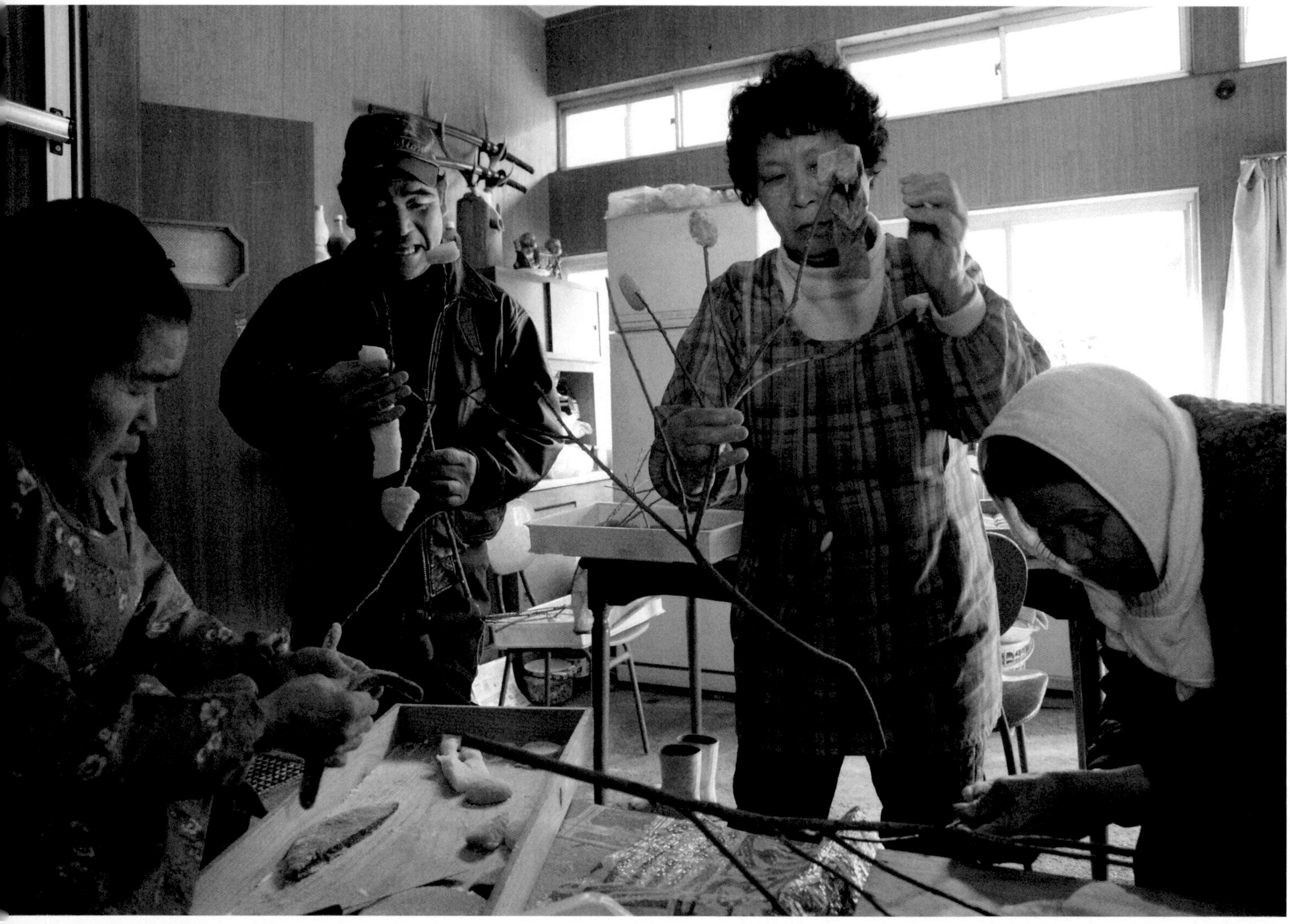

柳餅＝九折瀬

もぐらうち＝九折瀬

六地蔵祭り＝九折瀬

六地蔵に祈る＝九折瀬

山の神への祈り＝子別峠

山の神

昔は山での仕事が主だったため、ほとんどすべての集落で山の神を祀ってきた。山の神は正月、５月、９月のそれぞれ16日が祭事。御神酒とお供えをもってお参りに行くのが習わしだ。集落によっては数多くの場所に山の神を祀っているところもある。

平沢津地区の山の神は、年１回、旧暦９月16日に子別峠集落で行われている。子別峠集落は戦後の開拓でできた集落で、江戸時代の古地図を見ると、子別峠集落あたりは小《こ》別当《べっとう》となっている。入植が始まったのは 1946（昭和21）年頃。辺り一帯は杉の大木が林立していて、村外の林業者から土地を買い取り、木を伐り倒して水田を切り開いたという。集落の字名を付けることになり、当時五木北小学校の先生をしていた黒木俊行さんが、峠で奉公に行く子どもを親が見送って別れたという昔話にちなんで、こべっとうの読みに子別峠の字を当てた。

子別峠集落の入植者は主に農業者だったが、古くから祀られていた山の神を引き継いで祀るようになったという。かつては１月、５月にも行われていたが、炭焼きの人がいなくなり、山仕事が村の森林組合の直轄で行われるようになって、祭りはやらなくなった。９月の祭りの日には、朝からそれぞれがお供え物を持ってお参りする。同じ日に祭りを行うようになったお堂にもお参りした後、集まって酒を酌み交わす。

高野集落の山の神は、ほこらの中に鎌が二つ並んで祀られている。いわれは伝わっていないが、狩猟で山の恵みを受けていた感謝が強かったためだという。集落の中で山仕事に携わる人の間で長く祀られてきた。1980（昭和55）年、川辺川ダム建設計画による集落の移転にともなって、新しい集落を見下ろす山の中腹に新しい祠が作られた。当時、山仕事に携わる人が減っていたこともあり、集落全体で山の神を祀ることになった。とはいえ、山仕事に関わっていない人には山の神は縁遠く、移転の翌年のお参りが集落全体としてのお参りの最後となった。その後は、集落の古老が一人で守り続けてきた。

高野集落の背後には急斜面の山が迫っている。台風や大雨でも山が崩れなかったのは山の神のおかげ、山の神をきちんと祀らなければいけない、と高野集落の区長もお参りに加わるようになった。集落全体では、１月15日に集会所で開かれる新年会の際に、集会所の前から山の神に向かって手を合わせている。

白岩戸集落は１月４日の初寄りで、新しい年の山の口明けの祭りをする。米を石臼でひいて、できた米粉を練り上げ、鏡餅のように二段重ねにする。カケグリとその二段重ねの練った米を山の神に供える。山の口開けをしないと山に入って木を伐ってはいけないしきたりだ。山の神にお供えを終えると集落の飲み方となり、新年を祝う。

山の神にお供えする＝山口

山の神に祈る＝高野

山の口明けの準備＝白岩戸

山の神に祈る＝白岩戸

「五木民俗写真誌」の誕生

山口大学教授　湯《ゆ》川《かわ》洋《よう》司《じ》

五木村といえば「五木の子守唄」の村として有名であったが、今では川辺川ダムの村という方が分かりが早いかもしれない。そして、このことが五木村の暮らしの変化を端的に物語っているように思える。

民俗学の世界では、五木村は子守唄と並んで焼畑の村として知られてきた。五木村の焼畑は、狩猟（イノシシ猟など）とセットになった、いわゆる焼畑・狩猟型村落の特色を示すというのが民俗学の見方であった。今も行われている春祈禱の的射や山の神祭りにはその名残が認められる。これらに炭焼きや林業などを加えた山の仕事が村の生業・産業の中核となって、昭和30年代には6000人を超える人口がこの山間の地で暮らしを立ててきた。そしてこうした仕事を基盤にしたさまざまな行事や祭りが営まれ、また伝えられてきた。

しかし、こうした生活も昭和30年代の高度経済成長の動きの中で変わり始め、姿を消した行事や祭りも見られた。昭和38年から40年まで３年連続して村を襲った集中豪雨や台風が大きな被害を与えたことも暮らしを大きく変えた。その一つは、この災害に対する復旧工事の現場にそれまで焼畑農耕をしてきた人々が働きに出て現金を手に入れる生活に変わったこと、もう一つは昭和41年に川辺川ダム建設計画が発表され、それから村の経済構造が次第に建設工事を中心とするようになっていったことであった。

五木村の集落は、東の谷を南流する大川（川辺川）と西から流れ下って頭地で大川と合流する小川の二つの河川と、これらに流れ込むいくつもの沢や支流の谷あいに分散して点々と開かれてきた。またそれぞれの集落には、暮らしの安定を願って行事や祭りが伝えられてきたが、それらは人口が減り高齢化が進む中でやがて失われていく運命にあるように思われた。ところが、消えるばかりではなく継続しているものも少なくないことを、『五木歳時記』は鮮明に教えてくれる。この発見はかなり新鮮で、驚きにも似た感情を湧き起こさせる。私は40年近くも五木村を訪ね続け何を見てきたのだろうか、と驚きつつ反省の思いにかられている。

ここに収められた写真の多くはこの数年ほどの間に撮られたものであり、いわば現在の五木村を記録したものである。この記録化を可能にしたのは小林氏の撮影行に向けたたゆまぬ努力によるが、またなによりも人々が行事を止めることなく続けてきたからである。この持続の力は、誰かに見せるとか見てもらうとかいうのではなく、集落の暮らしのために欠かせないとの思いで続けてきたところに生まれたものだろう。写真の一枚一枚に血の通ったぬくもりが感じられるのは、このことによるものと思う。その点で、『五木歳時記』に収められた写真はまぎれもなく五木村の民俗を写し撮ったものであり、『五木歳時記』は五木村に初めて誕生した「民俗写真誌」であると思う。そのことを私は心から喜びたい。

五木村の伝承行事が末永く引き継がれ、暮らしの健やかさが伝えられていくことを心から願いたい。

おわりに

初めて五木村の地に立ったのは2002年。川辺川ダム建設計画で水没予定地となっている地区の移転が進み、代替地の造成が最後になっていた頭地地区が移転をしているところでした。家が取り壊され更地になった土地が目立ち始めていて、集落の生活が日々変わる状況にありました。そこで見たのは、田口の堂祭りでした。写真を撮らせてもらいながら話を聞くと、移転で村を出る人も多いと言います。また、村内に残った人も、代替地では隣り近所がこれまでと全く違う人たちに変わってしまい、人々のつながりが急激に変化しているということでした。そのときから、今ある祭りや風習がなくなる前に写真に収めようと、五木村通いが始まったのです。実際、翌年の田口の堂祭りは、それぞれがお参りするだけのものになってしまい、お堂に祀られていた観音さまの代替地への移転をきっかけに祭りは終わってしまいました。最後となった2002年の堂祭りに参加していた方から、後に「あのときに堂祭りの写真を撮ってもらって良かった」と聞いて、写真として記録することの大切さを強く感じました。

訪れるたびに姿を変えていく頭地地区を撮り続け、2006年に写真集『五木の詩』にまとめました。写真集を作り一区切りがついたことで、初めて村内のほかの集落に目を向けました。村内を回ってみると、魅力的な集落がたくさんあり、それぞれ違った風習や祭りが伝えられていました。けれど、多くの集落で、高齢化と人の減少が大きな問題となって、昔から伝えてきたものが消えてゆく危機を感じたのです。村に伝承されてきた営みが記憶の中だけになる前に、今、記録として写真に残しておかなければいけない、という使命感にも似た感情が湧き上がり、フィールドを村全体に広げて撮影を続けました。

家がなくなり空き地が広がる旧頭地地区をまたぐように造られた頭地大橋。奥が新しい頭地集落

転勤の多い仕事の関係上、東京や大阪から村に通っていましたが、ひとつの祭りを撮影するのに数年かかるということもありました。村外から祭りのときなどにたまに現れるだけの私ですが、それでも撮影に行くと、村の人たちはちゃんと私のことを覚えていてくれ、いつも温かく迎え入れてくれました。おかげさまで、ようやく歳時記の写真集という形にまとめることができました。村の人たちには、感謝の気持ちで一杯です。ありがとうございました。撮影した写真はここに収めきれないほどあり、これからも何かの機会があれば表に出していきたいと思います。そうした未発表の写真も含めて、私の記録した写真が、村の人たちの記憶の証として役立ち、残っていくことを願っています。

小林正明

小林正明（こばやし・まさあき）
1961年　横浜市に生まれる
1986年　千葉大学大学院工学研究科修了
1986年　朝日新聞写真部に入社
現在　　大阪本社勤務

写真集：『五木の詩』海鳥社，2006年
写真展：「五木の詩」福岡・天神　ギャラリーだいせん，2006年
　　　　　　　　熊本県立美術館，2007年

＊

「五木歳時記」
2014年２月20～26日　大阪　キヤノンギャラリー梅田
　　　３月13～25日　福岡　キヤノンギャラリー福岡

装丁：design POOL
題字：西垣一川

五《いつ》木《き》歳《さい》時《じ》記《き》

❖

2014年２月20日　第１刷発行

❖

著　者　小林正明
発行者　別府大悟
発行所　合同会社花乱社
〒810-0073 福岡市中央区舞鶴 1-6-13-405
電話 092(781)7550　FAX 092(781)7555
http://www.karansha.com
印刷　　秀巧社印刷株式会社
製本　　篠原製本株式会社
ISBN978-4-905327-31-8